للمتعلمين الصغار

كل شيء عن الكلاب

شارلوت ثورن

راغ صغير المتعلمين
كل شيء عن الكلاب
شارلوت ثورن

غالبًا ما يطلق على الكلاب اسم أفضل صديق للإنسان. إنها حيوانات مذهلة عاشت مع الناس لفترة طويلة جدًا.

يعود تدجين الكلاب إلى الذئب الرمادي. التدجين يعني قيام البشر بترويض حيوان ليعيش معنا.

بسبب التربية الانتقائية، خلق البشر
جميع أنواع الوظائف المختلفة للكلاب!

في مصر القديمة، كان للإله أنوبيس رأس ابن آوى، وهو حيوان ينتمي إلى الكلاب.

تصور لوحة كهف شهيرة في أوروبا الإنسان القديم وهو يصطاد مع الكلاب القديمة.

أثناء الحرب، كانت الكلاب بمثابة حيوانات حربية وتساعد الجنود في الأعمال الخطرة.

تنتمي الكلاب إلى عائلة Canidae. تضم عائلة Canidae أيضًا الذئاب والثعالب والكلاب البرية الأخرى.

تستطيع الكلاب شم الكثير من الأشياء لأن لديها 300 مليون مستقبل.

سمعهم لا يصدق. يمكنهم سماع أصوات عالية التردد لا نستطيع سماعها.

هناك العديد من الكلاب الشهيرة في جميع أنحاء العالم.

Lassie the Rough Collie هي أيقونة في الكتب والأفلام والتلفزيون. وهي معروفة بمهام الإنقاذ الخاصة بها.

قاد **Balto the Husky** فريقًا من الكلاب المزلجة عبر ألاسكا في عام 1925. وقاموا بتسليم دواء مهم للبشر المرضى.

كان رين تين تين الجيرمن شيبرد أحد أشهر ممثلي الكلاب، ويُعتقد أنه أول نجم سينمائي للكلاب في العالم.

دعونا نلقي نظرة على سلالات الكلاب المختلفة.

لابرادور ريتريفر هي كلاب ودودة. لديهم حب للماء.

الرعاة الألمان أذكياء وقويون. هم كلاب عاملة ولها سمات وقائية.

المستردون الذهبيون هم سلالات مرحة وشعبية. إنها جميلة ومليئة بالشخصية.

البلدغ مجعدة ولها أجسام ممتلئة. هم الجراء حنون.

البيجل هي كلاب فضولية وتستخدم في الصيد. لديهم آذان مرنة.

تعتبر كلاب البودل من أكثر سلالات الكلاب ذكاءً، وتُعرف باسم الكلاب الفاخرة.

الروت وايلر هي كلاب قوية. إنهم أطفال محبوبون.

يوركشاير تيريرز عبارة عن حزم صغيرة من الطاقة. لديهم معاطف طويلة ويحبون السفر بحقائب اليد.

الملاكمون هم صغار مرحة. لديهم رأس مربع ويحبون النشاط.

الكلاب الألمانية هي كلاب "هوت دوج" طويلة، مما يجعلها فريدة من نوعها. لديهم روح كبيرة الجسم صغير!

كلاب الهاسكي السيبيرية تسحب الزلاجات وهي كلاب ودودة للغاية. لديهم عيون زرقاء زاهية أيضًا.

دوبيرمان بينشر هي كلاب أنيقة وقوية. إنهم حراس وقائيون.

شيه تزوس هي كلاب صغيرة. إنهم حيوانات أليفة ودية للغاية.

الدانماركيون الكبار كلاب طويلة جدًا. يمكن أن تكون حلوة جدًا.

بوردر كوليز رشيقة وذكية. لديهم الكثير من الطاقة.

تسمع **Shetland Sheepdogs** الكلاب. وهم معروفون ببدة الفراء السميكة.

الشيواوا صغيرة الحجم ولكن لها قلوب كبيرة. إنهم لطيفون عندما يتم احترامهم.

بيمبروك الويلزية كورجيس صغيرة ولكن لها آذان كبيرة. والمثير للدهشة أنهم يسمعون الكلاب.

تشتهر سانت برناردز بأعمال الإنقاذ. إنهم عمالقة لطيفون.

الرعاة الأستراليون حيوانات أليفة ذكية ورشيقة. إنهم يعملون كلاب رعي.

الصلصال هي قطط صغيرة مجعدة. لديهم طبيعة مرحة للغاية ولكنها عنيدة.

Malamutes

ألاسكا هي كلاب مزلجة ويمكنها البقاء على قيد الحياة في المناخات الباردة.

الكلاب الأسترالية صغيرة الحجم وذات طبقة خشنة. إنهم يصنعون حيوانات أليفة رائعة.

لدى Basenjis عواء يشبه اليودل. إنهم كلاب ذكية للغاية ومستقلة.

تبدو **Bichon Frisés** مثل السحب. لديهم شخصيات مرحة.

الكلاب البوليسية لها آذان متدلية وحاسة شم رائعة. يتم استخدامها في عمليات الإنقاذ أيضًا.

بوسطن تيريرز لديها معاطف سهرة. هم الجراء ودية.

Cavalier يتمتع **King Charles Spaniels** بأفضل الشخصيات بالإضافة إلى المعاطف الجميلة.

يمتلك Cocker Spaniels آذانًا حريرية طويلة ويتمتع بجو من الرقي.

الدرواس الإنجليزية هي كلاب عملاقة! إنهم هادئون ولطيفون.

أكيتاس هي حيوانات أليفة نبيلة. وهم معروفون بمعطفهم السميك من الفراء.

المالطيون كلاب بيضاء صغيرة، ويحبون الاهتمام.

كلاب الجبال البورمية كبيرة جدًا ولكنها لطيفة جدًا.

كلب صغير طويل الشعر كلاب صغيرة رقيق. لديهم شخصيات جريئة.

Rhodesian لدى **Ridgebacks** سلسلة من الشعر"" على ظهورهم. يتم استخدامها للصيد.

الأيرلنديون كلاب أنيقة ونابضة بالحياة. هم الجمال المنتهية ولايته.

تبدو آذان بابيلون مثل الفراشات. إنهم لطيفون ودودون.

الوبتات فائقة السرعة ورشيقة للغاية ولطيفة مع البشر.

Shar-Peis متجعد جدًا. هم كلاب مخلصة ووقائية.

الدلماسيون هم كلاب نشطة وهم الرمز الرسمي لمراكز الإطفاء.

الكلاب تساعد البشر كل يوم.

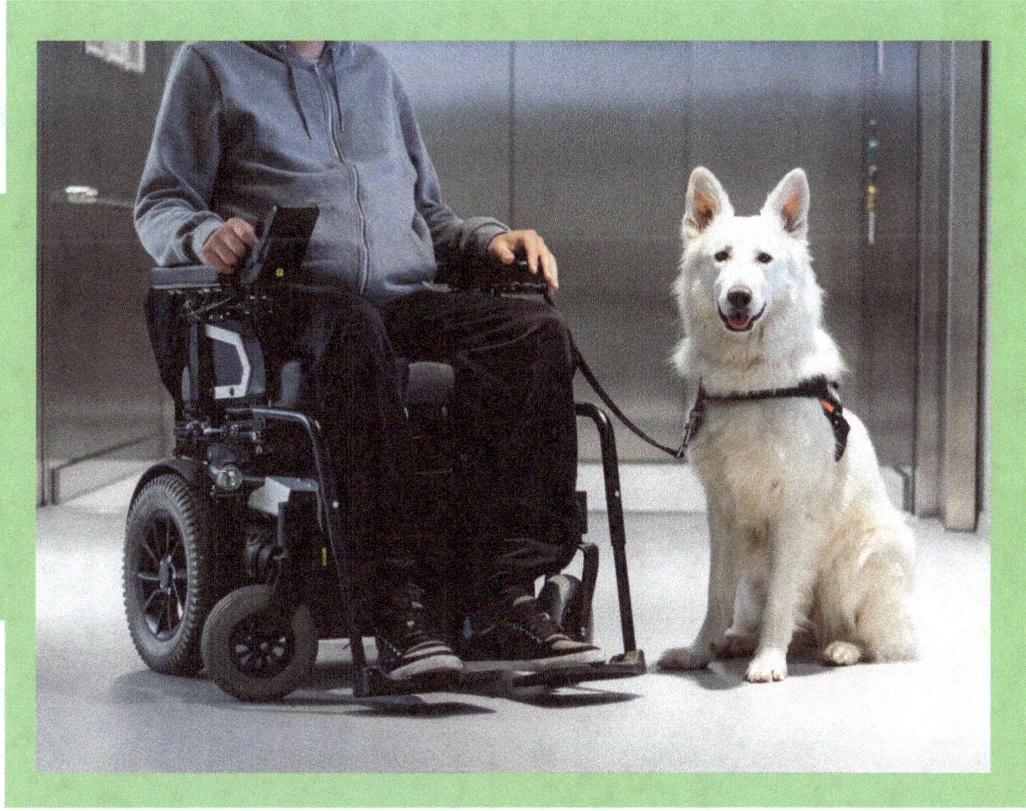

تعمل العديد من الكلاب كحيوانات خدمة، لمساعدة الأشخاص ذوي الإعاقة.

تعمل كلاب البحث والإنقاذ على تحديد أماكن الأشخاص المفقودين أثناء الكوارث.

تعمل الكلاب جنبًا إلى جنب مع الشرطة. الجراء الذين لا يجتازون التدريب يذهبون إلى عائلات محبة.

تقدم كلاب العلاج الدعم العاطفي للأشخاص في المستشفيات وفي السلامة العامة.

الكلاب جزء مهم من حياتنا اليومية. من المهم رعاية الكلاب. إنهم ليسوا عمالاً مجتهدين فحسب، بل أعضاء مهمين في عائلاتنا!